Geschichten

AF188884

aus der Reihe
„Perlen unserer Erinnerung"

Geflüster bei Kerzenschein

Carmen Sabernak (Hrsg.)

Bibliografische Information der Deutschen Nationalbibliothek:
Die Deutsche Nationalbibliothek verzeichnet diese Publikation in der Deutschen Nationalbibliografie; detaillierte bibliografische Daten sind im Internet über dnb.d.nb.de abrufbar.

Impressum
2019 © Carmen Sabernak, alle Rechte vorbehalten

Herstellung und Verlag:
BoD - Books on Demand, Norderstedt

Satz und Layout:
Nicole Mewes

Bildnachweise:
© by-studio © sonne fleckl - Fotolia.com
© Nicole Mewes - Engelskerzen

ISBN: 9783750401877

Inhalt

Vorwort

Carmen Sabernak hatte die Idee, die Erinnerungen unterschiedlicher Menschen zu sammeln.

Erinnerungen, die wertvoll wie Perlen sind. Sie fragte in der Teltower AWO-Gruppe nach und es fanden sich schnell MitstreiterInnen.

Einmal im Monat trafen sie sich, tauschten Erinnerungen aus, lasen aus ihren Geschichten und verbrachten schöne gemeinsame Stunden. So wurde recht schnell der Entschluss gefasst, diese „Perlen unserer Erinnerungen" in kleinen Büchern aufzubewahren.

Die Geschichten sind so unterschiedlich, wie die Menschen, die sie erlebt haben. Einzelne Geschichten wurden zum Teil schon vor einigen Jahren verfasst. Deshalb finden sich teilweise auch noch Texte in der alten Rechtschreibung. Diese wurden absichtlich nicht angepasst, denn es sind Perlen aus der betreffenden Zeit.

Wir wünschen Ihnen ebenso viel Vergnügen beim Lesen, wie wir Freude hatten, das Buch zu gestalten.

Herzliche Grüße
das AutorInnenteam

Du musst das Leben nicht verstehn

Du mußt das Leben nicht verstehen,
dann wird es werden wie ein Fest.
Und laß dir jeden Tag geschehen,
so wie ein Kind im Weitergehen,
von jedem Wehen
sich viele Blüten schenken läßt.

Sie aufzusammeln und zu sparen,
das kommt dem Kind nicht in den Sinn.
Es löst sie leise aus den Haaren,
drin sie so gern gefangen waren,
und hält den lieben jungen Jahren
nach neuen seine Hände hin.

Rainer Maria Rilke

 Der Baum

Bäume sind sehr wichtig für uns Menschen, für die Tiere, die Natur. Sie sind unentbehrlich für alles Leben. Inzwischen hat das wohl Jeder verstanden und die Wichtigkeit wird auch nicht (mehr) in Frage gestellt. Für viele gibt es so etwas wie den „Baum ihres Lebens". Einen, der uns lange begleitet hat und an den man auch Jahre später immer noch gern denkt. Manchmal sehe ich auf einem Bild, einer Fotografie einen schönen Baum und ich erkenne in ihm meinen / unsere „Kastanie". Bis heute wird mein Baum von allen nach seinen Früchten benannt.

Ja, „die Kastanie" war weit und breit der größte und schönste von allen Bäumen. Er stand auf dem Bahnhofsgelände unweit unseres Wohnhauses. Von mehreren Fenstern der Wohnung konnten wir ihn sehen. Die Kastanie war gleichsam eine zweite Haustür für uns. Hatte man sie hinter sich gelassen in Richtung Stadt, so war man „unterwegs".
Kam man aber zurück und hatte die Kastanie erreicht, dann war man daheim. Sie gehörte zu unserem Leben und gab uns Orientierung. Ihr Stamm war gewaltig und gerade gewachsen, ihre Äste stark und gleich-

mäßig und die Baumkrone wie gemalt. Eine Schönheit der Natur. Vielen Vögeln bot sie Lebensraum und Nahrung. Um den Bahnhof herum gab es noch viele andere Laub – und auch Nadelbäume, Sträucher etc. Ich erinnere mich an eine sehr schöne Linde. An den Duft ihrer Lindenblüten, die wir gesammelt und getrocknet haben. Trotzdem, die Kastanie war unser aller „Champion".

Dieser schöne Baum zeigte uns die Jahreszeiten, widerstand allen Wettern, Blitz und Donner, sog den Regen in seine Wurzeln und strahlte in der Sonne. Im Mai/Juni überzuckerten die weißen Blüten den ganzen Baum. Dann kam der Sommer mit dem satten Grün der großen Blätter und später die herrliche Färbung mit den stacheligen Früchten und rotbraun glänzenden Kastanien. Wir zeigten einander die gesammelten Kastanien und jeder hatte immer die größten und schönsten. Wenn dann der Herbstwind die Blätter von den Bäumen wehte, wurden diese in Büchern gepresst. Zum Teil nahmen wir die Kastanien zum Basteln mit in die Schule. Aber wenn es zu viele waren, brachten wir sie in eine Annahmestelle in der Stadt. Dort konnten auch Eicheln, Kräuter, Tees und Beeren abgegeben werden. Für alles gab es ein kleines Geld.

Der Winter hatte auch seinen Reiz. Da lag dick der Schnee auf den Ästen, manchmal wochenlang. Ja, die Kastanie hat uns alle lange erfreut. Auch als wir nur noch besuchsweise auf den Bahnhof kamen, begrüßte sie uns immer – und dieses Kindheitsheimatgefühl war wieder da!

Irgendwann, in den 2000er Jahren wurde das gesamte Bahnhofsgelände neu gestaltet. Seit dieser Zeit gibt es unseren Lieblingsbaum nicht mehr. Er fehlt uns jedes Mal, wenn wir auf den Bahnhof in O. kommen.
Die Kastanie wird ein Teil unserer Kindheit bleiben – als Perle der Erinnerung.

Margrit Prauß

Oma mit Katze - oder - Katze mit Oma ?

Wer hat da eigentlich wen? Ist nicht ganz einfach zu entscheiden. Oma ist älter, also fangen wir die Geschichte von ihrer (meiner) Seite an.

Oma war schon als Kind tierlieb. Unter Papas Hühnern gab es immer eine Lieblingshenne. Leider konnten diese Freundschaften nie lange dauern, denn irgendwann gab es Hühnerbrühe. War also nicht das Richtige. Mit den Kaninchen war es ähnlich. Also auch nichts. Schließlich war die Zeit nach dem Ende des schrecklichen zweiten Weltkrieges und da war die Tierhaltung eben zweckbestimmt die Ernährung der Familie zu sichern. Ach ja, da gab es ja noch eine Tierart. Katzen gab es bei uns auch immer. Aber auch die hatten es schwer mit dem Überleben. Als sogenannte Dachhasen wanderten sie nur zu oft in den Kochtopf. Allerdings nie in unseren. Nun, die Zeit verging und wurde besser und ich älter.

Nach einigen tierlosen Jahren kam ich dann auf den Hund. Jung verheiratet ging ich mit meinem Mann an einem Wintertag spazieren. In Wald spielten Kinder mit einem kleinen Hund. War ein niedliches Kerlchen. Ging uns aber nichts an. Abends klingelte es bei uns. Die Tochter unserer Nachbarn, siebzehn Jahre jung, stand vor der Tür und hatte den kleinen Hund aus dem Wald auf dem Arm. Total verheult fragte sie ob wir nicht den Welpen nehmen könnten. Warum? Ihr Vater hatte erfahren, dass sie schwanger war und nun noch der Hund. Dass da der Ärger vorprogrammiert war, stand fest wie das Amen in der Kirche. Unsere kleine Notwohnung war zwar nicht unbedingt für die Hundehaltung geeignet, doch entgegen dem ersten Beschluss die kleine Hündin ins Tierheim zu bringen, wurde sie mein erster eigener Hund. Als sie mit zwei Jahren an der Staupe starb, haben mein Mann und ich Rotzblasen geweint.

Nun – das Leben ging weiter. Es gab in meinem Leben vom zweiundzwanzigsten bis zum siebzigsten Lebensjahr einen zweiten Mann, einen Sohn mit Frau und Kindern, und einige Hunde und Katzen. Doch das Leben ist immer endlich. So war ich nun eine alleinstehende Oma. Hunde und Katzen gab es nicht mehr. Mein Sohn, er hatte wohl die Tierliebe seiner Eltern geerbt, wollte mir, damit ich nicht so allein in Haus und Hof war, einen Hund besorgen.

Ich habe lange überlegt. Bin dann aber zu dem Schluss gekommen, kommt nicht in Frage. Mein Gesundheitszustand war nicht der Beste und es war zu erwarten, dass ich den Hundekumpel nicht nach meinen Vorstellungen versorgen konnte und er mich vielleicht überleben würde. Und dann? Also so schwer wie es fällt – kein Haustier. Aber wie immer: „Erstens kommt es anders – zweitens als man denkt".

Es war Sonnabend. Ich hatte gerade beschlossen mein Bett zu verlassen und gemütlich zu frühstücken, als mich das Telefon störte. Meine Enkelin war in Nöten. Die Familie hatte einen Kater und sie wollte so gerne noch eine Katze dazu. So holten sie sich von einer Frau, die Katzen in Not vermittelte, einen Katze. Es war eine Katastrophe. Die beiden Tiere vertrugen sich nicht. Die kleine neue Katze wurde zur Kampfkatze, und im Streit zerlegten beide die Wohnung. Meine Enkelin fragte nun ob ich ihr nicht die Katze abnehmen könnte. Mein „Nein" kam nicht gut an, jedenfalls hörte ich durch's Telefon dass die Tränen flossen. Nun übernahm mein Sohn das Gespräch. Er wusste wohl wie man seine Mutter überzeugte.

Fazit: Ich nehme die Katze über das Wochenende auf, dann kommt sie zurück zu der Katzenfreundin.

Doch wieder kam es anders. Die obere Etage des Hauses wird von einem jungen Mann bewohnt. Der hatte jahrelang einen Kater, der nach einem Unfall qualvoll starb. Als Katzenfreund kam er und wollte doch wenigstens die Katze einmal sehen. Warum nicht? Mir gegenüber war sie sehr misstrauisch. Bei ihm kam sie gleich an und ließ sich streicheln. Die Begrüßung dauerte so zehn Minuten, dann musste der Mann seinen Wocheneinkauf erledigen. Nun hatte ich Zeit meine Gastkatze näher zu betrachten. Nach Katze sah sie eigentlich gar nicht aus. Graubraun mit ein bisschen Beige dazwischen. Das Fell nicht weich. Dünn, irgendwie hart, und anliegend. Dazu war sie auch total unterernährt und sah daher aus wie eine Ratte. Na ja, bis morgen werden wir uns schon vertragen.

Dann kam der junge Mann wieder. Er hatte eingekauft. Ein Katzenkuschelkissen, Bürste zur Fellpflege, Katzenstreu, diverse Futtermittel. Den Kratzbaum musste er erst noch aufbauen. Passiert mir selten aber jetzt war ich erst einmal sprachlos. Er verstand ja meine Meinung. Machte dann aber einen Vorschlag. Ich hatte ja seinen Kater mitversorgt. Nun haben wir eben eine gemeinsame Hauskatze. Sollte ich nicht in der Lage sein, sie zu versorgen würde er sich einbringen. Nun hatte ich keine Gegenargumente mehr. Rief meinen Sohn an: „Katze kann bleiben". Nun saßen wir beide da. Oma und Katze. Immer schön auf Distanz und nicht aus den Augen lassend. Also erst einmal ein Angebot von Oma. Futter. Katze prüft Ernährungsgrundlage. Super. Frisch gestärkt Wohnung erkunden. Aha! Katzenklo ist auch da.

Oma sucht Namen für die Katze. Bei allen geläufigen Katzennamen keine Reaktion. Im Gesundheitspass stand: eventuell „Mumi". War ja auch nicht ganz einfach. Katze konnte kein Deutsch und Oma kein Spanisch. So wurde dann aus dem spanischen Mumi und der deutschen Mieze „Muzi". Wurde von der Katze akzeptiert. Verstanden wurde auch ein hartes „Nein" und so war zumindest einmal eine Verständigungsbasis da.
Am Abend erfuhr Oma dann wo die Muzi herkam. Ca. ein Jahr alt, Zuhause auf Mallorca war sie in einer Familie gewesen. Als sie im jugendlichen Alter Nachwuchs bekam, wurde sie mit den Jungen einfach ausgesetzt. Als Straßenkatze von Tierfreunden eingefangen, ins Tierheim gebracht. Die Jungen wurden alle vermittelt. Muzi fand keinen Interessenten. Also kam sie auf die Tötungsstation. Dort wurde sie von einer deutschen Tierschützerin gesehen. Der gefiel

die kleine Graue, und nach Erledigung aller erforder- lichen Maßnahmen ging es nach Deutschland. Es war also kein Wunder, dass sie so vorsichtig und zurück- haltend war. Also viel Zeit lassen. Hat auch gut funk- tioniert. Schon am nächsten Tag kam sie heran und ließ sich anfassen. Favorit war allerdings der junge Mann. Dessen Wohnung untersuchte sie auch und nach einer Woche gestatte er ihr den ersten Freigang in den Garten. Wie auch im Haus, so war sie auch im Garten sehr vorsichtig. Immer den Rückzug in das Haus im Auge behaltend.

Muzi war nun Freigängerin. Von da ab änderte sich unser gegenseitiges Verhalten. Ganz abgesehen von der körperlichen Veränderung, sie sah nicht mehr nach Ratte aus, sondern war eine Hübsche geworden. Die Nachbarn fragten, was das für eine interessante Rasse wäre. Ihr Verhalten zeigte, dass sie ihren Willen durchsetzen konnte. Katzenklo in der Wohnung wur- de nicht mehr benutzt. Vor die Tür gesetzt und laut gemautzt. Oma blieb nichts anderes übrig als Muzi die Türen zu öffnen. Gartenrundgang und Geschäft er- ledigt, vor die Tür oder ein Fenster gesetzt und kräf- tig gemautzt. So laut, dass die Nachbarn fragten ob der Katze was fehlt. Also Oma wieder Türöffner. Aber immer noch einfacher und besser als täglich zweimal

Katzenklo reinigen. Bewegung tut ja auch im Alter gut. Es ist ja wirklich erstaunlich, wie sich so ein kleines Tier durchsetzen kann. Wenn sie gerufen wird, kommt sie erst wenn es ihr genehm ist. Ansonsten hört sie einfach nicht hin. Wenn sie etwas will, kann sie es deutlich zeigen. Um Omas Beine streichen und dann die Richtung anzeigen, oder hinlegen: nun kannst du mir mal den Hals und den Bauch kraulen. Das ganze Verhalten zeigt, dass sie volles Zutrauen zu „ihren Menschen" hat. Sie ist aber in jeder Beziehung Katze geblieben. Sie hat ihren Willen behalten und ist kein lebendig gewordenes Kuscheltier.

Ich muss gestehen, dass ich sie darum besonders mag, auch wenn es manches Mal anstrengend ist. Wenn es mir gesundheitlich schlecht geht, lässt sie mich ganz einfach in Ruhe. Wenn ich im Garten bin, ist sie immer in meiner Nähe. Als mich am Gartenzaun einmal ein Hund anknurrte, wurde sie zur „Kampfkatze" und ging auf ihn los.

So haben wir und gegenseitig angepasst. Das funktioniert ganz super. Ich frage mich manchmal wer eigentlich wen hat. Oma die Katze oder die Katze Oma. Aber es heißt ja auch: Hunde haben Herrchen und Frauchen, aber Katzen haben Personal.

Eva Maria Kluck

Liebe im Lebens-Herbst

Der Herbst malt nun die Blätter bunt.
Ich hab' gewartet manche Stund',
dass der Wind dich zu mir weht,
meine Sehnsucht Früchte trägt.
Endlich ist es nun so weit:
sie ist gekommen – uns're Zeit.
Nimm mich zärtlich in den Arm,
halt mich sicher – halt mich warm.
Laß uns ineinander sinken
und vom Wein des Lebens trinken.
Laß uns reden, träumen, lachen
und verrückte Sachen machen.
Laß die Zeiger stille stehn
und die Stunden nicht vergehn.
Bei dir – da fühl' ich mich geborgen,
nicht mehr einsam – schau ins Morgen.
Zwei Seelen – ein Gedanke,
zwei Herzen – und ein Schlag!
So soll's für immer bleiben –
an jedem neuen Tag!

Hannelore Wolf

Wandel der Liebe

1. Als wir uns sahen, war'n wir gleich verschossen.
So wurde die Ehe schnell geschlossen.
Wir liebten uns im Bett und auch im Wald
und unsere Kinder kamen dann schon bald.

2. Wir liebten uns. Und gab es einmal Streit,
so tat es uns am nächste Tag schon leid.
Wir feierten dann als Krönung,
im Bett die Nächte der Versöhnung.

3. Die Jahre gingen hin, doch eins war für uns klar:
Wir bleiben treu, in Freude und Gefahr.
Sind auch vorbei die Nächte heft'ger Triebe,
ist uns geblieben unsere Liebe.

4. Wir hör'n uns zu, sind freundlich, hab'n Geduld
und geben dem andern nicht immer die Schuld.
Wir küssen uns, verwöhnen uns zu allen Zeiten
und tauschen auch noch viele Zärtlichkeiten.

5. Wir wissen, wir sind füreinander da,
und sind uns stets im Herzen nah.
Haben wir im Gesicht auch tiefe Falten
und lächeln manche, wenn wir Händchen halten,
und wenn auch and're mal kurz tuscheln:
„Ob die beiden noch richtig kuscheln?"

6. Wir lieben uns, auch noch nach 50 Jahr'
und das ist für uns beide wunderbar!
Sind unsere Freunde auch perplex;
wir lieben uns, mal mit, mal ohne Sex.

Gela

Wie eine Marone zum Lebensbaum wurde

In den sechziger Jahren gelang es uns, endlich eine Wohnung zu bekommen. Schon einige Jahre wurden wir gedrängt wegen Eigenbedarf des Hausbesitzers unsere zwei Zimmer aufzugeben. Eine richtige Wohnung war aber leider nur ein Traum.
Wir waren ja kinderlos, hatten auch keine Aussicht auf Nachwuchs, dazu auch noch parteilos und somit auch hoffnungslos, die Wohnungssituation zu verändern. Doch dann geschah das Unmögliche.

Der Hausbesitzer hatte von einem baupolizeilich gesperrten Wochenendhaus erfahren. Es zeigte sich, dass ein Ausbau als Wohnung in Eigenleistung möglich war. Was uns auch freute, es gab dazu einen riesigen Garten. Doch ganz so einfach war es nicht. Die Bürgermeisterin hatte einem Handwerker bereits die Zusage gegeben, für den Verkauf des Objektes an ihn zu sorgen.
Auch schon damals in der DDR galt das Zitat von Brecht: "Wer kämpft kann verlieren – wer nicht kämpft hat schon verloren". Also auf in den Kampf.

Es war für viele ein mittleres Wunder.
Die Bürgermeisterin bekam eine Rüge wegen der Bevorteilung von Bekannten und wir das Wochenendhaus.

Nun begann für uns eine schwere Zeit. Mit Hilfe der Familie wurde das ehemalige Wochenendhaus als Wohnung ausgebaut. Schwierig war es, weil es vorher, als es noch instand und gut bewohnbar war, an eine andere Familie vergeben worden war. Wie wir über diese Familie erfuhren, hatten die schon vorher ein Objekt total verwüstet. Da sie aber aus der BRD in die DDR übergesiedelt waren, hatte das keinerlei Folgen für sie. So bekamen sie auch nach dem Auszug aus diesem Objekt wieder eine gute Wohnung zugewiesen.
Auch bei dem uns zugewiesenen Haus gab es keine Stelle die nicht irgendwie zerstört war. Dazu war jede Menge Müll zu entsorgen. Es ging wirklich bis an die Grenze unserer Kräfte. Es gelang uns wenigstens das Haus so weit instand zu setzen, dass wir endlich umziehen konnten. Zwar in Unfrieden, denn wer zieht schon gerne im Dezember mit einigen Zentnern Koks und Kohlen um, doch wir waren glücklich. Glücklich, obwohl uns die Instandsetzung in Eigenleistung – eine andere Möglichkeit ließ die Gesetzgebung der

DDR nicht zu – fast in den Ruin getrieben hatte.

Wenn schon die Tatsache, dass wir nun Haus und Hof hatten, ein mittleres Wunder war, kam es noch viel besser. Nach vielen gesundheitlichen Schwierigkeiten hatte ich es schriftlich, keine Kinder bekommen zu können. Doch nun machte es selbst meinen Gynäkologen sprachlos. Ich war schwanger. In seiner langjährigen Berufszeit hatte er es noch nicht erlebt, dass bei meinen gesundheitlichen Einschränkungen eine, wie er sagte, ganz normale Schwangerschaft möglich war. So wurde ich zur Sonderpatientin.

Was hat das aber alles mit einem Baum des Lebens zu tun? Nun ja – ohne die Vorgeschichte gäbe es ihn nicht. Wir hatten ja auch einen total verwilderten Garten bekommen. Um das Haus herum war jetzt schon so einiges ganz ansehnlich. Als ich nun in die Babyzeit ging, wir waren inzwischen Eltern eines Sohnes geworden, hatte ich die Hauptaufgabe, den jahrelang gewachsenen Unkrauturwald wieder nutzbar zu machen.
Eines Tages kam nun meine Tante, die uns bei dieser Mammutaufgabe unterstützte, mit einem Blumentopf an. Darin eine kleine Pflanze, von der keiner wusste was es war.

Sie hatte im Botanischen Garten eine Kastanie, sah jedenfalls so aus, gefunden und in den Blumentopf getan. War aber wohl doch keine Kastanie. Hatte jedenfalls ganz andere Blätter. Nun gut – erst einmal irgendwo einpflanzen. Aber wo? Gegenüber der Haustür war schon eine Stelle ziemlich unkrautfrei und für besondere Anpflanzungen war der Platz sowieso nicht geeignet, denn die Grenze zum Nachbarn war dort gerade so in vier Metern. Alle sagten, das mickrige Ding wird sowieso eingehen. Doch das war der Fall von "denkste". Das Pflänzchen wuchs und es zeigte sich, dass es wirklich ein Bäumchen werden wollte. Bei der Feier zum ersten Geburtstag unseres Sohnes wurde dann in leicht angeheiterter Runde beschlossen, dass der kleine Baum zum Lebensbaum unseres Sohnes ernannt wurde. Baum und Kind waren ja ungefähr gleich alt. Also wurde der Gedanke in der Geburtstagsrunde kräftig begossen und das Bäumchen bekam eine Kanne Wasser und eine rote Schleife zur Feier des Tages.

Die Jahre vergingen. Unser Garten verwandelte sich in eine Nutzhälfte mit Gemüseanbau und die andere zur Spielfläche für unseren Sohn und seine Freunde. Da gab es so einige in unserer Straße. Im Gegensatz zu unserem Garten, durften die Kinder sich in ihren

Gärten nicht so ungehindert austoben wie bei uns.

So wuchs unser Sohn in natürlicher Umwelt auf und das Bäumchen wurde zu einem kräftigen Baum. Über seine Funktion als sein Lebensbaum haben wir unseren Sohn natürlich aufgeklärt und er fand das prima und wehe einer tat seinem Baum etwas an. Dabei war der Standort des Baumes, wie sich herausstellte, doch nicht so günstig. Er stand den Handwerkern, die das Dach neu eindeckten, im Wege und auch bei so einigen anderen Anlässen störte er gewaltig.

Siehste, sagte mein Sohn der ist wirklich genau wie ich. Der Baum kann nichts dafür, dass er dahin gepflanzt wurde und nun stört, und ich störe ja auch oft in der Schule, obwohl ich das eigentlich gar nicht will.

Wenn wir nur wüssten, was unser Baum eigentlich war. Er war ja inzwischen so dreieinhalb Meter hoch und blühte das erste Mal. Im Herbst war es dann klar. Es war eine Esskastanie, auch Marone genannt. Da sie bei uns selten ist, hat sie keiner erkannt.

Inzwischen ist sie haushoch, erzeugt viel Schmutz wenn die Blüten abfallen und wenn die Früchte herab fallen gibt es auch zusätzlich Arbeit. Bei der herbstlichen Laubbeseitigung kommt auch keine Freude auf. Als mein Sohn eine Einfahrt für die PKW schaffen musste, wäre die Seite wo die Marone steht, eigentlich ideal gewesen. Doch den Lebensbaum fällen, geht nicht. Nun ist die Einfahrt eben an der anderen Seite des Grundstückes.

Etwas musste sich der Baum allerdings gefallen lassen. Inzwischen haushoch, fingen ihre Äste an, das Dach des Hauses zu beschädigen. Der bestellte Baumpfleger war erstaunt. So einen prächtigen Baum und dazu ist es auch noch eine Marone, hatte er in seiner ganzen Laufbahn noch nicht gesehen. Er hat sie fachlich zurecht gestutzt und sie sieht trotz Rückschnitt prächtig aus.

So ist aus dem kleinen mickrigen Gewächs, das in angeheiterter Stimmung zum Lebensbaum ernannt worden war, in den vergangenen fünfzig Jahren ein prachtvoller Lebensbaum geworden, der von der ganzen Familie gepflegt wird.

Eva Maria Kluck

Neulich am Gartenzaun,
konnt ich einer Elster zuschaun.
Sie kam in einem Bogen
so gegen neun angeflogen
und setzte sich auf einen Baum.
Sie war mein erster Gast,
man glaubt es kaum.
Dann hüpfte sie von Ast zu Ast
und machte auf jedem einen Rast.
Das ging so eine ganze Weile.
Ich hatte diesmal keine Eile.
Sie dachte sicherlich:
Guck hin! Wie schön ich bin!
Ich reagierte darauf
und schrieb die Episode auf.

Gela, 28.02.2019

Goldener Herbst

In manchen schönen Jahren
färbt die Sonne im Herbst
die Blätter an den Bäumen ganz bunt.
Sie leuchten zu uns herunter
und werden von Tag zu Tag bunter.
Wenn sich das letzte Blatt
von der Sonne golden verfärbt,
dann ist der „Goldene Herbst".

Gela, 13.10.2019

Herbstzeit

Nach dem Sommer kam der Herbst.
Er schenkte uns viele Gaben
an Obst, Gemüse, Korn und Wein,
daß wir genug zu essen haben.

Dann kam der Wind in unser Land
und brachte endlich Regen.
Für uns're Heimat
war er ein wahrer Segen.

Aus dem Boden kamen nun
die Pilze in großen Massen.
Die Waldbesucher konnten kaum
ihr Pilzglück richtig fassen.

Mal war es warm, mal war es kalt.
Das Wetter schlug Kapriolen.
Man konnte sich dabei
einen großen Schnupfen holen.

So verging die Zeit.
Die letzten Blätter fielen.
Es kam die trübe Dunkelheit.
Die Kinder mußten drinnen spielen.   *Gela, 10.10.2019*

Traum und Wirklichkeit ?

In meinen Träumen
bin ich eine Heldin,
vollbringe große Taten,
verbessere die Welt.

Wenn der Tag anbricht
verläßt mich mein Mut,
meine Entschlossenheit,
und gar nichts ist gut.

Es zeigt sich,
daß ich ein kleines „Licht" bin,
das nichts zustande bringt,
umsonst mit sich ringt.
Immer wieder mache ich den gleichen Fehler
und lerne nichts daraus.

Gela, 07.09.2019

Gefroren hat es Heuer

Das Gedicht vom Büblein auf dem Eis weckte meine Erinnerung an ein Kindheitserlebnis, das mir als Zwölf-jährige wiederfahren ist.

Unsere Familie – die Mutter und vier Kinder – lebte in einem kleinen Dorf in Mecklenburg.
Als langbezopftes, schmal gewachsenes und schüch-ternes Schulmädchen war ich bei den Dorfmüttern als Kindermädchen sehr beliebt.
Es gab in unserem Ort eine Kirche, die – vom Fried-hof umgeben – an der Dorfstraße hoch emporragte. Das für alle Schulkinder lebensbestimmende Gebäu-de: ein ehemaliges Gutshaus mit Freitreppe, nun eine achtklassige Schule! Ein Konsum-Laden befand sich zur Versorgung der Dorfbewohner im Kellergeschoß des großen Gebäudes. Ein begrenztes Angebot an dringend benötigten Waren füllte in den beengten Räumen die Regale. Für uns Kinder das Wichtigste: die großen Bonbon-Gläser auf der Einkaufstheke, gefüllt mit Maiblättern, Himbeeren, Goldnüssen und anderen süßen Versuchungen. Leider reichten die

Lebensmittelmarken nicht aus, um die begehrten Naschereien zu kaufen. War der Appetit auf Süßes übermächtig, zauberten meine Schwestern aus unterschiedlich vorhandenen Zutaten eigene Bonbonsorten. Die auf ein Kuchenblech gestrichene Masse wurde gebacken, später in bonbongroße Stückchen geteilt. Man mußte sich eben zu helfen wissen – wie meine Mutter zu sagen pflegte.

Die wichtigste Rolle in meiner Geschichte spielt die Dorfschmiede. Der Schmied beschlug hier die Hufe der Ackergäule von nah und fern, reparierte Metallgeräte und stellte her, was möglich und nötig war.
Wir Kinder schauten auf dem Heimweg von der Schule öfter zu, wie die Eisen im Schmiedefeuer glühten, die Funken sprühten und die Hämmer im Takt auf den Amboß schlugen.
An einem Wintertag – meine Mutter war erkrankt und mußte das Bett hüten – rief sie mich zu sich. Sie drückte mir einen Einkaufszettel in die Hand und bat mich um die Erledigung des Einkaufs im Konsum. Leider war es Monatsende und kein Geld zum Bezahlen in der Geldbörse. Das bedeutete, die Verkäuferin im Laden um anschreiben des fehlenden Betrages zu

bitten. So wie meiner Mutter erging es auch anderen Familien in finanziellen Nöten. Wie ich diese Einkäufe ohne Bargeld haßte! Aber es gab keinen Ausweg und so zog ich mit der Einkaufstasche und dem Zettel in der Hand los.

Zum Konsum führte der Weg – eine Abkürzung – am Dorfteich vorbei. Gegenüber lag die Schmiede an der Dorfstraße.

In der Nacht hatte es gefroren und eine Eisschicht bedeckte die Wasserfläche. Ob ich es wohl wagen konnte, den Weg über den Teich zu nehmen? Zunächst zögerte ich bei meinem Vorhaben, dann probierte ich zaghaft, ob das Eis mich tragen würde! Die gefrorene Fläche ächzte und bog sich bei jedem Schritt, aber ich erreichte die andere Seite ohne Gefahr. Danach konnte ich den mir überaus peinlichen Einkauf erledigen.

Mit der vollen Tasche, in der sich auch ein Brot und ein Glas Gurken befand, verließ ich den Laden. Wieder am Teich angelangt, mußte ich mich entscheiden: kürze ich den Weg ab und gehe noch einmal über das Eis oder lieber den sicheren Pfad um das Gewässer herum?! Die Unvernunft siegte und ließ mich die unsichere Abkürzung wählen. So nahm das Unglück seinen Lauf: mit vorsichtigen Schritten kam ich bis zur Teichmitte, dann hielt das Eis meinem nun größeren Gewicht samt Tasche nicht mehr stand! Ein Bersten und Splittern um mich herum und ein Loch mit unbekannter Wassertiefe tat sich auf. Ich sackte hinein, der Einkauf verteilte sich teils auf der Eisfläche, teils versank er im Wasser. Vor Angst und Schrecken schrie ich laut um Hilfe. Der Schmied und ein paar Männer, die an der Schmiede standen, eilten schnell zur Unglücksstelle. Mit festem Griff zogen sie mich aus dem Wasser, einige schimpften, andere lachten über mein waghalsiges Verhalten. Vom Teichwasser triefend, die Tasche mit dem aufgeweichten Brot und ein paar geretteten Kleinigkeiten in der Hand, bedankte ich mich heulend bei meinen Rettern. Sie zogen zur Schmiede zurück, von wo ich sie noch eine Weile laut palavern hörte.

Eilends lief ich nach Hause, wo meine Mutter mich schon ungeduldig erwartete. Bei meinem Anblick erschrak sie sehr und fragte besorgt, was geschehen sei. Von Schluchzern geschüttelt schilderte ich ihr mein furchtbares Erlebnis. Sie zog mir die nasse Kleidung vom Leib, rieb mich mit einem großen Tuch trocken und steckte mich in das, noch von ihrem Körper warme, Bett. Später legte sie sich zu mir, nahm mich in die Arme und tröstete mich. Kein böses Wort, keine Vorwürfe oder jammern über die verlorenen Lebensmittel kam über ihre Lippen. Sie freute sich so, daß mir nichts passiert war. Erschöpft schlief ich ein und vergaß erst einmal das schreckliche Ereignis.

Meine Schwestern bedauerten den Vorfall sehr und zeigten Mitgefühl für ihre Kleine. Allerdings gab es auch den erhobenen Zeigefinger und kluge Ratschläge für die Zukunft. Mein Bruder hingegen hänselte mich ausgiebig, wobei das versunkene Gurkenglas eine besondere Rolle spielte. Dabei kannte seine Phantasie keine Grenzen. Noch heute neckt er mich gern mit diesem Thema, wenn sich die Gelegenheit dazu bietet.

UND DIE MORAL VON DER GESCHICHT':
AUF DÜNNES EIS GEH' LIEBER NICHT!

Hannelore Wolf.

Weihnachten mit Joe

Lang – lang ist es her. Man hat schon so vieles vergessen oder vielleicht auch aus der Erinnerung verdrängt. Doch manchmal ist das Geschehen von vor über fünfzig Jahren wieder ganz lebendig.

Wir haben gerade Herbstanfang. In den Geschäften, Supermärkten und auch in den Versandhauskatalogen ist die Zeit aber anscheinend enteilt. Es muss ganz heimlich schon Weihnachten vor der Tür angekommen sein.
Na ja – früher war sowieso alles besser! Wirklich? Nun, wir wurden vor Jahren nicht schon Monate vor der Weihnachtszeit mit allen möglichen Angeboten so genervt, dass man zum Fest die Pfefferkuchen schon nicht mehr sehen konnte. Damals sind es genau wie heute so ganz eigene Momente, die in der Erinnerung geblieben sind, weil sie die Weihnachtsstimmung ausmachen.

Als wir uns über den heutigen Frust und die, ja damals so gemütliche Weihnachtszeit unterhalten haben, kam mir mein Weihnachtsfest von 1957 wieder in die Erinnerung. Wie heute fragten wir uns in jenem

Jahr: Wo bleibt der Schnee? Für mich gab es dazu eine völlig neue Erfahrung. Ich hatte, weil ich es immer so gemacht hatte, einen kleinen Weihnachtsbaum geschmückt. Doch nun saß ich am Heiligabend ganz allein vor meinem Baum. Nach sieben Jahren Ehe war ich nämlich gerade vor zwei Wochen geschieden worden. Eigentlich wollte ich es mir schön gemütlich machen. Doch irgendwie gelang es mir nicht so richtig. Da klopfte es an meiner Wohnungstür.

Im Haus wohnte auch ein junger Mann, Joe. Offizier aus der in der Nähe stationierten NVA. Er wollte eigentlich in seinen Heimatort zu seiner Freundin fahren, hatte dazu aber keine Genehmigung bekommen. Er hatte mitbekommen, dass auch ich allein war und so fragte er, ob ich nicht mit ihm in die Kirche zum Weihnachtsgottesdienst kommen wollte. Nachdem ich mein erstes Erstaunen überwunden hatte, NVA und Gottesdienst passten eigentlich nicht richtig zusammen, dachte ich: Warum eigentlich nicht? So gingen wir zur Kirche. So ungefähr eine halbe Stunde Fußweg durch unsere Waldgemeinde.

Unsere Dorfkirche war wunderschön weihnachtlich geschmückt. Ich muss gestehen, es war mein erster weihnachtlicher Kirchgang. Das letzte Mal war ich zum Abendmahl nach der Konfirmation in der Kirche gewesen. Was mich jedoch am meisten bewegte war die Tatsache, dass Joe ständig Bekannte begrüßte. Es waren Offiziere aus der Kaserne mit ihren Familien. Die Weihnachtsandacht leitete Frau Pastorin Hensch. Ich kannte sie noch aus meiner Konfirmationszeit. Damals wurde sie gerade als Pastorin geweiht.

Ihre Weihnachtspredigt war wunderbar. Wenn ich vorher nicht gewusst hatte wie mit meiner Situation umzugehen war, jetzt und hier war Weihnachten eine wunderbare Zeit, um zur Ruhe zu kommen. Als wir nach dem Gottesdienst die Kirche verließen, fiel der erste Schnee des Jahres. So war der Heimweg wie ein Spaziergang durch einen Märchenwald. Es war nun doch Weihnachten. Einfach wunderbar ...

Zu Hause angekommen, gab es dann einen tiefen Fall in die für mich augenblicklich nicht gerade glückliche Situation. Mein geschiedener Mann war von seiner neuen Beziehung rausgeworfen worden und tauchte nun bei mir auf. Total alkoholisiert. Es war dann irgendwie symbolisch. Er bekam in meiner Abstellkammer das Feldbett. Der Weihnachtsabend war hin. Die Stimmung auf dem Nullpunkt. Die Gegenwart hatte mich wieder. Doch gerade der Fall aus der märchenhaften Weihnachtswinterwelt hat mir gezeigt, wie wechselhaft das Leben sein kann und dass es trotz allem Übel auch wunderbare Momente voller Hoffnung geben kann.

So wurde dieser Weihnachtsabend unvergesslich für mich.

Eva Maria Kluck

Die hohen Tannen atmen heiser

D ie hohen Tannen atmen heiser
im Winterschnee, und bauschiger
schmiegt sich sein Glanz um alle Reiser.
Die weißen Wege werden leiser,
die trauten Stuben lauschiger.

Da singt die Uhr, die Kinder zittern:
Im grünen Ofen kracht ein Scheit
und stürzt in lichten Lohgewittern, –
und draußen wächst im Flockenflittern
der weiße Tag zur Ewigkeit.

Rainer Maria Rilke

Meine Puppe Susi

Die Geschichte mit meiner Puppe Susi trug sich zu, als ich ein Mädelchen von etwa 6 Jahren war.
Das Erlebnis hat sich tief in meinem Gedächtnis eingenistet und lebt unvergessen darin fort.

Weihnachten im Nachkriegs-Winter. Wie in jedem Jahr, so war Weihnachten der Höhepunkt in unserem Kinderleben. Wie fieberten wir dem Heiligen Abend voller Erwartung und Vorfreude entgegen!
Ein bescheidenes Tannenbäumchen, etwas mager mit Lametta, buntem Weihnachtsschmuck und den Kerzen bestückt, verbreitete eine weihnachtliche Stimmung. Wir Kinder hielten Ausschau, ob auch genügend Baumbehang aus Fondant an den Zweigen hing. Die bunten Teller konnte unsere Mutti zu ihrer Freude mit Schokolade, Apfelsinen, Datteln und Nüssen aus den Päckchen der Westverwandten füllen – welch ein Luxus in der Zeit der großen Armut.

Der Duft nach selbstgebackenem Lebkuchen erfüllte den Raum. Unsere Gedanken eilten dem schönsten Moment entgegen - der Bescherung! Hat der Weihnachtsmann meinen innigsten Wunsch nach einer

Puppe wohl erfüllt? Ich traute meinen Augen kaum, als ich unter den Zweigen des Baumes einen kleinen Puppenwagen aus Holz entdeckte. Darin saß ein zauberhaftes Wesen und lächelte mich freundlich an. Blonde Haare, zu Zöpfen geflochten, umrahmten das Gesicht. Leuchtend blaue Augen mit langen Wimpern strahlten um die Wette mit dem Licht der Kerzen und eroberten mein Herz im Handumdrehen.

Ich war unendlich glücklich und vergaß die Welt um mich her. Liebevoll nahm ich die Kleine in den Arm und siehe da – sie konnte sogar die Augen schließen. Die seidigen Wimpern senkten sich sanft herab, als wollte sie nun schlafen. Oh nein, meinem Puppenkind fehlte noch ein Name. – Spontan nannte ich sie Susi. Sie war fortan mein größtes Glück – bis zum nächsten Sommer! Es geschah an einem heißen Tag im Monat August. Ich spielte mit meiner Püppi im Garten, als meine Mutti zum Mittagessen rief. Sorgfältig bettete ich die Kleine in ihr Wägelchen und eilte ins Haus. Nach dem Essen kehrte ich in den Garten zurück und schaute nach meiner Susi. Ein gewaltiger Schreck durchfuhr mich bei ihrem Anblick: die strahlend blauen Augen fehlten im Gesicht! Zwei dunkle Augenhöhlen starrten mich gespenstisch an.

Ungläubig und laut schreiend lief ich zu meiner Mutti. Sie ließ vor Schreck und Angst, was mir geschehen war, den Teller aus der Hand fallen. Ich zog sie schnurstracks zum Garten, wo sie sich das Unglück anschaute. Ihre Erklärung, daß die Hitze den Schaden angerichtet hatte, konnte mich in meinem großen Kummer nicht trösten. Erst ihr Versprechen, Susi zum Puppendoktor zu bringen, beruhigte mich ein wenig. Nun mußte ich mich eine schier unendliche Zeit gedulden, bis ich mein Puppenkind endlich wieder in die Arme schließen konnte.

Aber was war das? Entsetzt schaute ich in ein fremdes Gesicht! Welch eine Veränderung war mit meiner Susi geschehen? Zwei warme braune Augen sahen mich erwartungsvoll an, das Haar ringelte sich in dunklen Locken auf dem Köpfchen. Meine Puppe hatte einen völlig neuen Kopf bekommen!

Ungläubig betrachtete ich das veränderte Puppen-Kind - nein, dieses wollte ich nicht! Alles Zureden meiner Mutti konnte mich nicht dazu bewegen, die Veränderung positiv zu sehen und meine Abneigung mit der Zeit zu überwinden. Schweren Herzens übergab sie meiner Schwester die alte neue Susi.

Meine Schwester freute sich sehr darüber, weil sie gern Puppenkleider nähte und dafür nun ein prima Modell hatte. Ich tröstete mich mit einem ABC-Bilderbuch und meinem kleinen Freund, dem Igel Stachel. In mir lebte die Hoffnung auf das nächste Weihnachtsfest: Vielleicht erfüllte der Weihnachtsmann meinen größten Wunsch: eine neue blondbezopfte, blauäugige Puppe!

Hannelore Wolf

Der Abend kommt von weit gegangen

Der Abend kommt von weit gegangen
durch den verschneiten, leisen Tann.
Dann presst er seine Winterwangen
an alle Fenster lauschend an.

Und stille wird ein jedes Haus;
die Alten in den Sesseln sinnen,
die Mütter sind wie Königinnen,
die Kinder wollen nicht beginnen
mit ihrem Spiel. Die Mägde spinnen
nicht mehr. Der Abend horcht nach innen,
und innen horchen sie hinaus.

Rainer Maria Rilke

Schummer - Stundchen

„Wenn in Großmutters Stübchen ganz leise – summt das Spinnrad am alten Kamin"...
Kommen mir diese Zeilen einer alten Volksweise in den Sinn, eilen meine Gedanken zurück in die Welt der Kinderjahre. Die wunderbaren, unvergesslichen Stunden, wenn das Tageslicht allmählich verblaßt und der hereinbrechenden Dunkelheit weicht: die Zeit der Schummer – Stundchen!

Wir drei Schwestern kehrten – leicht durchgefroren – heim zur Mutter in die warme Stube. Der große Bruder durfte seinen Aufenthalt außerhalb des Hauses länger ausdehnen. Uns Mädchen erwartete nun eine traumhafte Stunde am Kachelofen, der eine wohlige Wärme verbreitete.

Der Duft von Bratäpfeln erfüllte den Raum, die Schatten des Kerzenlichtes tanzten an den Wänden. Wir schlüpften in die vorgewärmten Hauspantoffeln und ließen uns auf der Ofenbank nieder. Als „Nesthäkchen„ durfte ich mich auf Mutters Schoß kuscheln. Erwartungsvoll blickten wir sie an: erzählte sie uns eine Geschichte, las sie ein Märchen vor oder stimmten wir gemeinsam die alten Lieder ihrer Kindheit an. Das dicke Märchenbuch in grünem Einband mit der goldenen Aufschrift „Märchen aus aller Welt" war in deutscher Schrift geschrieben. Es begleitete meine Kinderjahre, bis es nach einem Umzug unserer Familie verschwand. Solch ein Märchenbuch mit so vielen spannenden Märchen habe ich nie wieder in den Händen gehalten! Wir Mädchen hingen gebannt an den Lippen unserer Vorleserin. Mit ihrer dunklen, warmen Stimme verzauberte sie uns und ließ die kargen Wohnverhältisse vergessen, in denen wir lebten.

Die Abende, wenn wir gemeinsam die heute fast vergessenen alten Lieder anstimmten, sind mir besonders im Herzen geblieben. Wer kennt noch die Volksweisen vom Edelweiß, dem schönsten Blümlein auf der Alm oder „Mamatschi, schenk mir ein Pferdchen"? Diese und viele andere Lieder sang ich in späteren Jahren meinen Kindern, dann den Enkeln vor.

Der Höhepunkt der Schummer-Stundchen: ein Bratapfel-Schmaus, wie in dem Gedicht vom Bratapfel beschrieben!

Diese Geschichte ist eine Erinnerung an meine liebevolle, warmherzige Mutter.

Sie hat trotz aller Sorgen und Nöte in den schlimmen Jahren nach dem Krieg, allein mit vier Kindern, nie den Lebensmut verloren!

Hannelore Wolf

Weihnachten ist der stillste Tag im Jahr

Weihnachten ist der stillste Tag im Jahr,
da hörst Du alle Herzen gehn und schlagen
wie Uhren, welche Abendstunden sagen:
Weihnachten ist der stillste Tag im Jahr,
da werden alle Kinderaugen groß,
als ob die Dinge wüchsen die sie schauen,
und mütterlicher werden alle Frauen
und alle Kinderaugen werden groß.

Da mußt du draußen gehn im weiten Land
willst du die Weihnacht sehn, die unversehrte
als ob dein Sinn der Städte nie begehrte,
so mußt du draußen gehn im weiten Land.
Dort dämmern große Himmel über dir
die auf entfernten weißen Wäldern ruhen,
die Wege wachsen unter deinen Schuhen
und große Himmel dämmern über dir.

Und in den großen Himmeln steht ein Stern
ganz aufgeblüht zu selten großer Helle,
die Fernen nähern sich wie eine Welle
und in den großen Himmeln steht ein Stern.

Rainer Maria Rilke, 1875-1926, österreichischer Schriftsteller, Dichter

Für Clara Rilke. Weihnachten 1901.

Teddybär

Wussten Sie, verehrte Leser unserer kleinen Buch-serie, dass Richard Steif auf der Leipziger Frühjahrs-messe 1903 seinen ersten Teddy vorstellte? Seitdem ist er auf der Beliebtheitsskala der Kinder aller Ge-nerationen ganz oben und seine Popularität ist un-gebrochen.

Es gab ihn schon zu Zeiten der Jahrhundertwende und über die Jahrtausendwende hinweg. Heute, neben elektronischen oder sogar digitalen Spielzeugen, ist er der Ausgleich zum Kuscheln und Trösten. Oft geht er mit auf Reisen, zu Freunden und Verwandten und wenn es sein muss, auch ins Krankenhaus. So man-cher von ihnen ist welt- und weitgereist.

Unsere Kinder hatten auch „ihre" Teddys". Ins Fami-lienleben wurden sie zu Weihnachten 1974 aufge-nommen. Einer war rot, der andere braun und beide natürlich zum Liebhaben süß. Die Teddys hatten von nun an ein typisches Bärenleben bei uns wie bei vielen Kindern.

Nun, die Teddymamas wurden groß, sie wurden er-wachsen und gingen aus dem Haus. Mit der jüngeren

Tochter zog auch der braune Bär aus. Der rote hingegen ist immer bei uns geblieben und hat seinen festen Platz gefunden. Trotz seines hohen Alters sieht er noch ganz frisch aus, denn er wird auch ab und zu gepflegt. Ja, die Pflege des braunen Bären hielt sich über Jahrzehnte ziemlich in Grenzen, obwohl er einige Umzüge mitmachte und er zum Teil neue Besitzer in Form von Enkelkindern bekam. Inzwischen sind auch die erwachsen.

Der Teddy fristete nun ein einsames Dasein in seiner Ecke. Das Latzhöschen hätte auch mal ein Perwollbad gebraucht und das Fell – oh je! Eines Tages konnte ich das Elend nicht mehr länger sehen und beschloss zu handeln.

Meiner Tochter sagte ich wohl, dass ich etwas für den Teddy tun werde. Sie hatte nichts dagegen, fragte aber auch nicht wirklich, was ich meinte tun zu wollen. Im „Hamsterrad" des Alltags war die ganze Bärenproblematik schnell vergessen, und Oma packte den Teddy ein. Der Fall schien klar: „Der muss gewaschen werden". Dem Roten ist das ja auch schon mehrmals wunderbar bekommen. Ein Schonwaschprogramm, niedrige Temperatur versteht sich und die zarteste, gut duftende Waschlotion sollten es richten. Ich muss zugeben, ein bisschen mulmig war mir schon. Es war ja nicht mein Teddy und niemand hat es von mir verlangt oder darum gebeten, mich um dieses vernachlässigte Spielzeug zu kümmern. Reine Pingeligkeit und ein bisschen Einmischung?!

Als ich ihn, 45 cm lang, ziemlich groß also, in die Trommel legte, bemerkte ich, dass der Kopf auch nicht mehr ganz so fest auf dem Knuddelkörper saß. An der Teddystimme konnte eh nichts mehr geschehen. Die brummte schon lange nicht mehr.

Also, mutig voran, „start" gedrückt und das Unheil nahm seinen Lauf. Nach 1,5 Stunden sollte es vorbei sein und ein frischer, süßer Bär würde der Maschine entnommen. Während des Waschprogrammes schaute ich öfter durch das runde Fenster der Maschine, konnte aber nichts erkennen. Sie ahnen, was geschah!

Ich hielt 2 Teile in den Händen, einen Teddy ohne Kopf und einen Kopf ohne Körper. Das Entsetzen im Gesicht rief ich Opa, meinen Mann, zu Hilfe!
Er konnte nichts tun, was auch? Es war schrecklich!
Mein Plan war ja ursprünglich gewesen, den Teddy fast wie neu unter den Christbaum dieses Jahres,

also 2016 zu setzen. Es war Oktober und nun hatte ich 2 Teile des einst so liebgewordenen, immer mit umgezogenen Spielzeuges meiner Tochter in der Hand – zum Heulen!

Das Drama ging weiter. Die Teile mussten trocknen. Sie waren zwar geschleudert aber doch nass. Ich drapierte Kopf und Körper auf Handtüchern. Auf diesen sollten sie in den wenigen Sonnenstunden im Oktober nun trocknen. Nach mehreren Tagen glaubte ich der Kopf sei trocken, aber der Körper war nach wie vor feucht.
Während dieser missglückten Trockenphase überlegte ich was zu tun sei. Aufgeben und ein Teddygrab kamen nicht in Frage. Es gab doch früher sogenannte Puppenkliniken, erinnerte ich mich. Aber heute, in unserer Wegwerfgesellschaft?

Ich recherchierte, und siehe da, weitgefehlt. In Berlin, in Kudammnähe gab es eine „Klinik", die sich sogar auch um kranke Teddys kümmerte. Der sympathischen Stimme am Telefon erklärte ich mein Problem und erhielt tatsächlich einen Termin. So machte ich mich auf den Weg, in der Tasche die Teddyteile.
Am Ziel angekommen, erwartete mich ein Ambiente und eine Situation, wie aus einer anderen, längst ver-

gangenen Welt. Die schon ziemlich ältere Dame, die Chefin und Chefheilerin der vielen, vielen Patienten, die dort lagerten, in Regalen bis zur Decke gefüllt, besah sich den Schaden. Durch eine besondere Brille betrachtete und befühlte sie alles gründlich.

Sie diagnostizierte: „Das sieht nicht gut aus und solche Teddys wäscht man doch nicht". Das wird teuer, das gesamte Innenleben muss ausgetauscht werden. Sogleich begann die Teddychirurgin eine Rückennaht aufzutrennen und die nasse Füllung kam zum Vorschein. „Wollen sie wirklich so viel investieren wie zwei vergleichbare, neue Bären kosten würden", fragte sie mich? Oh ja, nun war ich bis hier her gekommen, das hoffentlich gute Ende lag so nah. Ich wollte. Und bis Weihnachten wäre diese Erneuerung zu schaffen, meinte Frau Doktor. Mit einem Abholtermin in der Tasche trat ich erleichtert die Heimfahrt an.
Es dauerte ungefähr 5 Wochen. Dann fuhr ich gespannt nach Berlin in die anheimelnde, alte Puppenwelt zu der älteren Doktorin mit der besonderen Brille.

Es hatte sich gelohnt, alles Geld, alle Mühen waren es wert. „Unser Teddy war heil, sauber, mit kuscheligen Fell, mit neuen, glänzenden Knopfaugen, neuem Innenleben, mit neuer, sonorer Brummstimme und dem ganz fest fixierten Kopf. Als Bonbon sozusagen zierte seinen dicken Bärenhals eine rote Fliege, passend zu dem weißroten Latzhöschen. Ich war so froh und freute mich auf die Überraschung am Weihnachtsabend 2016. Es war gelungen.

Unsere Tochter wusste, Mama hatte den Teddy mitgenommen und irgendwann sollte er wieder da sein. Aber nun saß er, süß und fast neu, unter dem Baum, wie damals 1974. So begann sein zweites Teddyleben. Es geht ihm gut bis heute, und vielleicht wartet er ja auf die kommende Urenkelgeneration.

Margrit Prauß

Ach du liebe Weihnachtszeit - ist nicht immer Heiterkeit!

Es war das Jahr 1947.

Das Jahr – nach dem Hungerweihnachten 1945 – war noch in Erinnerung.

Nun war inzwischen einiges möglich.

So auch schon mal für unsere Lieben kleine Geschenke zu basteln. Es gab eine wunderbare Vorweihnachtszeit mit Heimlichkeit in der Adventszeit. Was war das für eine Spannung, wie die heimlichen Arbeiten bei unseren Lieben ankommen würden.

Ich denke gerne daran zurück, denn jetzt werden wir ja vom Handel nicht erst zur Adventszeit, sondern schon im September beworben, dass die größte Freude irgendein gekauftes Geschenk von der Firma XYZ das Richtige sein wird. Ganz schnell wird dann zum Kaufmarathon gestartet. Am Besten ist allerdings ein Gutschein, da entfällt das Nachdenken. Da kann sich dann ja der Beschenkte selber Gedanken machen. Man kann sich allerdings damit selbst um die Vorfreude und die wunderbare Heimlichkeit der Weihnachtszeit bringen.

Zurück zum Jahr 1947.

Es war ein stimmungsvoller Heiligabend. Weihnachtslieder, ein kleiner Weihnachtbaum, wir Kinder, unsere Eltern und auch unsere Oma waren glücklich mit all den Überraschungen. Der erste Feiertag sollte natürlich auch etwas Besonderes werden. Es wurde auch etwas Besonderes. Allerdings in ganz anderer Richtung wie geplant.

Am Morgen heizte mein Vater unseren großen Kachelofen an. Der war ein so richtig alter wunderbarer Kachelofen. Fast zwei Meter hoch, mit Ofenröhre, in der die Bratäpfel einen herrlichen Duft entwickelten. Im Ofenmuseum habe ich einen Ofen gleicher Art gesehen und so kamen die Erinnerungen an die wohlige Wärme, die er verbreitete. Doch damals sorgte unser Ofen für eine mittlere Katastrophe. Statt Wärme zu verbreiten durchzog unser Wohnzimmer Qualm, dass wir trotz der Kälte das Fenster öffnen mussten.

Wir Kinder wurden in die Wohnküche verbannt, wo wir unsere Mutter natürlich bei der Vorbereitung unseres Festessens behinderten. Mein Vater war anfangs noch ganz zuversichtlich, die Lage schnell in den Griff zu bekommen. Wird ein Schacht, der die Wärme durch den Ofen leitet, verrußt sein.

Also Reinigungsklappe auf, Schacht reinigen und dann wird es wieder in Ordnung sein.

Doch das war der Fall von "Denkste". Der Ofen hatte vier Reinigungsklappen, doch keine löste das Problem. So begann mein Vater den Ofen auseinander zu nehmen. Es war wirklich super, dass unser Papa so ziemlich alles konnte. Auf jeden Fall lag unser schöner Ofen bald in Teilen im Zimmer. Als er nur noch halb so hoch war, wurde der Übeltäter gefunden. In einem Lüftungsschacht, kurz über der Feuerstelle hatte sich eine, der den Schacht einkleidenden Platten gelöst, war umgefallen und hatte dadurch den Zug verschlossen.

Problem erkannt, Lehm besorgt und Ofen wieder aufgebaut. Mein Vater schaffte das mittlere Wunder. Nun ja – das Weihnachtsessen fand in der Küche statt, der Kuchen sah auch noch nicht das Wohnzimmer, doch am Abend stand der Ofen wieder und es war ihm nicht mal etwas anzusehen. Abends wurde dann schon einmal ganz sachte Probe geheizt.

Der zweite Weihnachtsfeiertag war dann auch zweckentfremdet. Jetzt war die ganze Familie gefordert. Wir durften alle bei der Reinigung unserer Wohnung, die nach der Ofenreparatur notwendig war, helfen. Die Hauptsache aber war, dass unsere Wohnung wieder warm war. Für uns war Weihnachten einfach etwas verschoben. Vor allem aber unvergesslich.

Eva Maria Kluck

Advent

E s treibt der Wind im Winterwalde
die Flockenherde wie ein Hirt
und manche Tanne ahnt wie balde
sie fromm und lichterheilig wird.
Und lauscht hinaus: den weißen Wegen
streckt sie die Zweige hin – bereit
und wehrt dem Wind und wächst entgegen
der einen Nacht der Herrlichkeit.

Rainer Maria Rilke

Winterzeit

Eines Tages, ganz leise,
machte sich der Winter auf die Reise.

Vorher hatte man die Läden
schon auf Weihnachten eingestimmt.
Es kamen Waren zum Spielen und Essen
man sollte nicht vergessen,
daß Weihnachten bald beginnt.
Und auch vom Himmel fielen
die Flocken sacht herab.
Die Eltern waren beim Haareraufen.
Sollten sie einen Schlitten kaufen?
Oder taut der Schnee mal wieder weg?
Das gäbe einen großen Schreck.
So verlief Weihnachten voll Zagen.
Doch über's Wetter konnte man nicht klagen.
Der Winter zeigte sich von der guten Seite.
Der Schnee blieb liegen,
die Kinder stiegen
auf Ski und Schlitten.
Sie ließen sich nicht bitten.
Alle sagten hinterdrein:
So schön kann der Winter sein.

Gela, 14.10.2019

Der Frühlings - Bote

Schneeglöckchen, Weißröckchen –
bringst den Lenz nun zurück.
Wir sehnen uns alle
nach Wärme und Glück.
Du Blumen-Bote im weißen Kleid –
dein leises Läuten uns erfreut.
Wenn die Sonne höher steht,
ist der Garten bunt besät.
Dann ziehst du still dich in das Moos,
ruhest in der Erde Schoß.
Nach einem Jahr – das Herz wird weit –
zeigst du dich im neuen Kleid!

Hannelore Wolf

# Die Autoren:

GELA (Jahrgang 1943)
Hobbies: Theatergruppe, Wandern

Eva-Maria Kluck (Jahrgang 1935)
Geboren in Berlin, von 1936 bis 1997 in Kleinmachnow gelebt, danach in Stahnsdorf.

Berufe: Maßschneiderin und Wirtschaftskauffrau Sie war als Angestellte im Rat der Gemeinde Kleinmachnow, in der Landwirtschaftsbank in Potsdam und von 1975 bis 2000 im Gesundheitswesen (Geschäftsleitung, ab 1997 Leiterin des Seniorenbüros AVUS) in Teltow tätig.

Hobbys: Aus dem Leben schreiben: Anekdoten, bissige Leserbriefe, Glossen und Familiengeschichte, ehrenamtliche Tätigkeit in Selbsthilfegruppen.

Margrit Prauß (1947)
ist in Sachsen geboren und aufgewachsen.

Beruf: Krankenschwester, Ausbildung med. Fachschule Hubertusburg Wermsdorf.

Seit 1969 wohnt sie in Teltow, hat 2 Töchter und 4 zauberhafte Enkelkinder. Sie liebte immer schon „Deutsch" in der Schule, schrieb gerne Aufsätze, später Briefe. Gedanken, Erinnerungen und Erfahrungen aus ihrem Leben zu formulieren macht ihr viel Freude und sie gibt diese gern weiter.

Hannelore Wolf (Jahrgang 1944)
geboren in Westpreußen, nach der Flucht aus Danzig in Mecklenburg aufgewachsen, Ausbildung zur Kindergärtnerin im Schweriner Schloß. Umzug 1963 nach Leipzig, Heirat und Umzug 1967 nach Teltow.

Tätig als Kindergärtnerin, Wechsel in die GRW-Bibliothek, nach der Wende als Sachbearbeiterin im Sozialamt Teltow, seit 2009 Rentnerin.
Sie ist verheiratet, hat 3 Kinder und 4 Enkelkinder.

Hobbys: Singen im Chor, Mitglied einer Sportgruppe, Reisen und Tanzen, Verfassen von Versen zu bestimmten Anlässen sowie spontanes Schreiben kleiner Gedichte!

Reiner Maria Rilcke (1875-1926)
österreichischer Schriftsteller, Dichter, Erzähler und Lyriker

Carmen Sabernak (Jahrgang 1958)

Schreibt am liebsten mit Blick auf das Meer oder auf ihrer Rosenbank im Familiengarten.

Bisher erschienen

**Aus der Reihe „Perlen unserer Erinne-
rung" sind bereits erschienen:**

*„Hannas Weihnachtsengel"
erschienen 2013 im BoD Verlag*

ISBN: 9783732280414
Preis: 5,00 Euro

*„Begegnungen im Leben"
erschienen 2013 im BoD Verlag*

ISBN: 9783732280889
Preis: 5,00 Euro

*„Verlust und Wiederfinden"
erschienen 2015 im BoD Verlag*

ISBN: 9783734745812
Preis: 5,00 Euro

*„Elli"
erschienen 2015 im BoD Verlag*

ISBN: 9783734769276
Preis: 5,00 Euro

„Mein Berlin - Mitten mang und Dichte bei"
erschienen 2015 im BoD Verlag

ISBN: 9783738613599
Preis: 5,00 Euro

„Am Wege blüht Vergissmeinnicht"
erschienen 2015 im BoD Verlag

ISBN: 9783738629262
Preis: 5,00 Euro

„Singen und Wandern - das ist unser Leben"
erschienen 2015 im BoD Verlag

ISBN: 9783738659931
Preis: 5,00 Euro

„Jahreswende - von Anfang bis Ende"
erschienen 2016 im BoD Verlag

ISBN: 9783741276798
Preis: 5,00 Euro

„Sehnsucht, Glück und Bäume"
erschienen 2017 im BoD Verlag

ISBN: 9783848257195
Preis: 5,00 Euro

„Täuscht der schöne Schein?"
erschienen 2018 im BoD Verlag

ISBN: 9783748111948
Preis: 5,00 Euro

„Winterperlen"
erschienen 2018 im BoD Verlag

ISBN: 9783748101093
Preis: 5,00 Euro

„Sommer-Zeit-Reise"
erschienen 2019 im BoD Verlag

ISBN: 9783748146964
Preis: 5,00 Euro